MÉMOIRE
SUR
L'INSTRUCTION
PUBLIQUE

JEAN COUTURIER

Professeur au lycée de Dijon

1818

Éditions Nielrow – Dijon

2019

ISBN : 978-2-490446-12-4

AVANT-PROPOS

La Révolution s'est penchée sur la question de l'école par certains de ses éminents acteurs. Condorcet et d'autres préconisaient l'instruction commune pour tous les citoyens. Le Peletier prévoyait même une école obligatoire et gratuite. Un projet d'une telle école par Lakanal vit le jour mais sombra bientôt pour de multiples raisons. Gratuité et obligation furent abandonnées. Pis, ce sont les familles qui durent payer les instituteurs, sauf un quota d'indigents pour lesquels les frais étaient pris en charge par les municipalités.

1795 : Loi Daunou qui supprime la gratuité des écoles primaires. Une école centrale par département sous tutelle d'état est instaurée.

1802 : jour de congé le jeudi en sus du dimanche. Suppression des écoles centrales. Création des lycées pour garçons dans chaque ressort de Cour d'appel. Deux professeurs par classe (Sciences et Lettres).

1803 : création du Lycée de Dijon installé dans l'ancien orphelinat Sainte-Anne (aujourd'hui collège Marcelle Pardé).

1806 : création de l'Université Impériale.

1808 : instauration du baccalauréat oral ; 31 diplômés en 1809 en France.

1816 : création du Brevet de capacité, diplôme exigé pour les instituteurs. Les lycées deviennent Collèges royaux.

1830 : crétaion d'une épreuve écrite au baccalauréat.

1833 : Loi Guizot qui stipule que doit être ouverte une école pour les garçons dans les communes de plus de 500 habitants. 13 000 écoles sont construites.

1835 : création d'un corps d'inspecteurs.

Avant la révolution la principale source d'acquisition de la lecture, de l'écriture et du calcul relevait du clergé qui faisait rétribuer ou pas ses services. Quant aux précepteurs ils oeuvraient dans les couches privilégiées de la population, nobles, grands bourgeois, commerçants aisés. Louis XIV avait ordonné qu'on ouvre une école dans chaque communauté villageoise, ce qui fut réitéré par Louis XV en 1724, preuve que le voeux du premier cité resta pieux. Quoi qu'il en soit, on peut estimer que 35% de la population étaient capable de signer (45% des hommes et 25% des femmes). Mais une signature est-elle un indice fiable de l'alphabétisation d'une société ?

La Révolution ayant chassé ou combattu la religion, on tenta de remplacer l'enseignement prodigué auparavant par les ecclésiastiques par des institutions nouvelles, ce qui ne se fit pas notamment en raison de la situation financière de la république qui avait par ailleurs d'autres chats à fouetter.

Napoléon 1er ne jurant que par l'enseignement digne de son rang, ne s'intéressa point à l'école élémentaire. Mais comme le clergé émigré fut autorisé à revenir en France, ou dans l'Empire, il mit tout son savoir à ouvrir des écoles, comme le firent les *Frères des écoles chrétiennes*.

Louis XVIII s'essaie à imposer, sans succès, une école dans chaque commune.

En 1833 Guizot fait passer son texte, malgré l'hostilité du clergé qui voit d'un mauvais oeil l'état laïc marcher sur ses plates-bandes. Trente ans plus tard, 70% de la population sait signer de son nom. Les progrès seront fulgurants par la suite avec Jules Ferry entre autres. On peut ainsi évaluer à 90% la population alphabétisée en France en 1900. Chiffre que l'on peut comparer aux évaluations faites en l'an 2000, à savoir 80% de la population alphabétisée ou lettrée, soit une régression de 10%.

Ceci dit l'alphabétisation est aussi une affaire de degrés. Lire un journal, comprendre ce qu'on y a lu, savoir écrire une lettre sans faute, savoir s'exprimer, compter de tête, résoudre une addition, etc., sont des critères qui entrent en jeu dans toute évaluation. D'autant plus que la technologie informatique introduit aujourd'hui d'autres critères prompts à rendre une qualification d'analphabète en son contraire. Il se pourrait que dans l'avenir, ne plus savoir signer son nom, ne soit plus du tout pertinent pour émettre un jugement.

Le texte que nous présentons ici est dû à un auteur, professeur au lycée de Dijon, Jean Couturier. Publié en 1818, la question de l'enseignement restait en suspens ou demeurait dans un état de léthargie permanente, de chaos réformateur, et de laisser-aller étatique. Situation qui n'apparaîtra point nouvelle à nous, citoyens du XXIe siècle. Car bien des griefs avancés par Couturier sont restés d'actualité et perdurèrent durant les deux siècles qui nous séparent de son mémoire.

Nielrow

MÉMOIRE

SUR

L'INSTRUCTION PUBLIQUE,

DÉDIÉ AUX PARENS CHRÉTIENS.

Par Jean COUTURIER, Professeur au Lycée
de Dijon.

Scientia inflat, charitas verò ædificat.
I. Cor. 8—1.

SECONDE ÉDITION REVUE ET AUGMENTÉE
PAR L'AUTEUR.

A DIJON,
Chez Victor LAGIER, rue Rameau.

A PARIS,
Chez MÉQUIGNON, fils aîné, rue Saint-Severin.

M. DCCC XVIII.

AVERTISSEMENT.

Cet ouvrage a paru, pour la première fois, en octobre 1815. Il a été présenté à l'assemblée des Députés, mentionné au procès-verbal et déposé à la bibliothèque de la Chambre, le 3 janvier 1816.

J'espère qu'on ne sera point scandalisé de ce que j'emploie le terme de Lycée; quoique pénétré de respect et de reconnoissance pour le Souverain qui a daigné changer ce nom en celui de Collége royal, j'ai cru devoir momentanément omettre une dénomination si chère à mon cœur, et faire usage de l'ancienne, pour être plus promptement compris du public qui n'étoit pas encore bien accoutumé à la nouvelle, lorsque je composai ce Mémoire.

Quelques-uns des vices de l'instruction publique signalés dans cet ouvrage

ont dû être diminués par quelques amé-
liorations postérieures; mais la plupart
d'entre eux subsistent encore ; il sera
facile aux gens instruits de les reconnoître, de voir qu'ils sont inhérens à
l'institution même, et que pour les
extirper en entier, il faut creuser jusqu'aux fondemens.

Je déclare expressément que je n'entends attaquer aucun établissement en
particulier, à plus forte raison ceux de
la ville où j'exerce les fonctions de Professeur; je rends justice aux chefs pour
qui je ne saurois témoigner trop d'amour
et de respect, aux professeurs mes chers
collègues, à tous les autres employés;
c'est un devoir pour moi de reconnoître
que leurs efforts réunis opèrent tout le
bien qu'on peut obtenir dans l'état présent des choses.

MÉMOIRE

SUR

L'INSTRUCTION PUBLIQUE,

DÉDIÉ AUX PARENS CHRÉTIENS.

Après m'être occupé, dès mes plus jeunes années, de l'étude et de l'instruction publique, je vais offrir à mes concitoyens les idées que l'expérience et la méditation m'ont fait naître sur des objets si importans.

Le retour d'un Monarque pieux et éclairé, que la Providence a daigné nous rendre une seconde fois, est sans doute le plus favorable moment pour mettre au jour un ouvrage dans lequel on se propose d'indiquer les moyens de rétablir la Religion et les bonnes études ; de restaurer tout à la fois, et l'Eglise de France menacée d'une ruine prochaine, et l'instruction publique, où de nombreux changemens occasionnés par nos révolutions, ont amené plus d'imperfections et d'abus qu'ils n'en ont retranché.

Je vais parler de Religion, je dois m'at-

tendre à la haine des méchans; ils déguise-
ront leurs motifs impies, et joindront leurs
plaintes à celles de personnes vraiment respectables dont mes vues pourroient contra-
rier les opinions et les intérêts ; mais il faut
m'élever au-dessus de toute crainte, et ne
reconnoître ici que les intérêts du Dieu que
j'adore; ceux de mon Roi, sa vivante image,
ceux de ses nombreux sujets qu'il chérit tous,
et dont il se montre le père : ces intérêts sacrés sont les mêmes, et ne peuvent être di-
visés.

C'est au Gouvernement, sans doute, à rétribuer l'instruction publique, sans laquelle
il n'auroit ni prêtres, ni magistrats, ni généraux, ni administrateurs ; mais si les mal-
heurs actuels lui ôtent le pouvoir de supporter aujourd'hui cette charge toute entière, nous allons montrer comment on peut
la rendre légère, et perfectionner l'instruction sans augmenter les impôts ni les rétri-
butions actuelles des étudians, et sans avoir
recours aux ressources employées pour soutenir les tyranniques institutions de Buonaparte.

Je diviserai ce Mémoire en trois parties.
Dans la première, je ferai voir quelle espèce
d'institution peut seule ranimer la foi et la

piété, non-seulement dans les écoles, mais
dans tout le royaume ; et comme l'établissement de cette institution précieuse exige un
certain laps de temps, je montrerai le moyen
de la former en peu d'années.

Il y a dans l'instruction publique des vices
et des abus qui nuisent considérablement
aux progrès des études ; les indiquer avec les
moyens d'y remédier dès aujourd'hui , sera
l'objet de la seconde partie. Dans la troisième,
je répondrai aux objections qui m'ont été
faites : voilà tout le plan de cet ouvrage.

C'est à vous que je l'adresse, parens chrétiens, fidelles amis de l'autel et du trône ;
vos suffrages, si j'ai le bonheur de les obtenir, me rassureront contre les clameurs de
l'impiété ; vous rectifierez les erreurs que je
puis avoir commises ; vous joindrez vos efforts aux miens, pour que l'éducation ranime
bientôt, dans notre chère patrie, la Religion,
les mœurs et les talens.

PREMIÈRE PARTIE.

Il est évident que la Religion s'affoiblit de
jour en jour ; hélas ! elle s'éteint dans tous
les cœurs ; l'incrédulité règne en tous lieux,
et entraîne à sa suite une effroyable dépra-
vation. Ils sont arrivés ces temps annoncés
dans l'Évangile, ces temps déplorables, où
le Fils de l'homme revenant parmi nous,
trouveroit à peine de la foi sur la terre.
Notre malheureuse patrie semble particuliére-
ment livrée à cette malédiction. Chaque jour
le Tout-Puissant rappelle à lui quelques-uns
de ses ministres, et il ne se présente pour les
remplacer qu'un nombre insuffisant de sujets très peu instruits. Ah ! si nous ne cher-
chons promptement un remède à nos mal-
heurs, nous éprouverons bientôt l'effet de la
plus terrible menace que Dieu ait consignée
dans les livres saints ; il rendra sa parole rare
parmi nous ; et pour trouver qui nous l'an-
nonce, en vain nous parcourrons la France
dans toute son étendue.

Pour prévenir une si grande calamité, pour
arrêter le cours du mal actuel et en préserver la génération naissante, il n'est d'autres

moyens qu'une éducation soignée et essen-
tiellement chrétienne.

L'Université a pris la Religion pour base
de l'instruction publique ; nous ne saurions
trop lui en rendre grâces ; mais les moyens
qu'elle emploie afin d'inspirer des sentimens
religieux, ne sont pas suffisans. Un aumô-
nier qui instruit et exhorte un nombreux
pensionnat, n'est d'aucune utilité aux externes plus nombreux encore ; ces infortunés
sont réduits, pour la plus nécessaire de toutes
les instructions, aux seules ressources qu'ils
peuvent trouver dans leurs familles ; et,
combien elles sont rares aujourd'hui ces familles pieuses où l'on élève les enfans dans
la crainte et dans l'amour de Dieu (1)!

Osons le dire, malgré les clameurs d'une
philosophie insensée; jamais, non jamais, on
ne parviendra à donner aux jeunes gens une
bonne éducation, ni sous le rapport de la
Religion et des mœurs, ni sous le rapport
des talens, à moins que l'on ne rétablisse une

(1) Je dois reconnoître ici qu'à Dijon, depuis 1816,
les élèves sont obligés d'assister à la messe dans la
chapelle du Lycée, les lundis et vendredis, et une
fois par semaine à l'instruction qui est faite par l'Au-
mônier.

société religieuse à laquelle on confie cette
fonction importante (1).

Je sais qu'on ne peut en un moment réparer nos tristes ruines ; mais il est facile de
jeter dès ce jour les fondemens de cette société inappréciable , et d'obtenir dans quelques années un corps enseignant, qui, sans
être lié par des vœux perpétuels, dirigeroit
l'instruction publique avec les plus glorieux
succès , et seroit en même temps le soutien
et le réparateur de l'Eglise gallicane, dont
la lumière autrefois si brillante est aujour-
d'hui si près de s'éteindre. Avant d'indiquer
les moyens d'élever ce précieux établissement
qui n'occasionneroit ni déplacemens, ni se-
cousses , ni dépenses , comparons nos institutions actuelles avec ce que peuvent faire
et ce qu'ont fait réellement des ordres religieux.

(1) S'il étoit vrai que l'opinion , ce tribunal vénérable , mais non pas toujours infaillible , proscrivît en
France toute société religieuse , quelle qu'elle fût ; si
une telle assertion répandue par les impies, c'est-à-dire,
les plus menteurs de tous les hommes, se trouvoit malheureusement véritable, ce que je suis loin de croire ;
on pourroit du moins appliquer aux abus actuels de
l'éducation , les remèdes que dans la seconde partie
de cet ouvrage nous indiquons pour chacun d'eux ,

(11)

Jetez un coup-d'œil sur les écoles publiques ; vous y verrez parmi les maîtres un
mélange confus de chrétiens, de déistes et
peut-être d'athées : d'un côté, vous pourrez
voir de zélés amis de l'étude ; d'un autre ,
une foule d'hommes avides, qui ne cher-
chent dans ces fonctions vénérables que les
moyens de gagner de l'argent : tous ces instituteurs , en général , sont distraits par les
soins d'une famille , et amollis par l'amour
de l'aisance. Parmi eux, les subordonnés ont
pour leurs chefs un respect extérieur assez
médiocre, inspiré par la crainte des censures
et des punitions ; mais que ce respect forcé
est loin de l'obéissance dans la Religion !
C'étoit une vertu sublime qui produisoit les
plus grands avantages ; les saints religieux
ne se demandoient pas l'un à l'autre si le supérieur n'excédoit point ses pouvoirs, si ce

---

et laisser aux laïcs le soin de l'instruction publique
ainsi réformée. Mais comment espérer la suppression des abus ? tant de gens ont intérêt à les main-
tenir ; comment d'ailleurs obtenir la moindre attention
par un écrit où l'on ose prôner les avantages d'une
société religieuse ? peut-il se rencontrer dans une telle
production quelques vues sensées et utiles ? N'importe ,
continuons d'exposer nos idées ; la divine Providence
leur assignera le sort qu'elle aura jugé convenable.

qu'il ordonnoit étoit bien dans les règlemens.
Le premier article du règlement étoit l'obéissance ; on en avoit fait vœu pour tout le temps
qu'on habiteroit la maison ; ce vœu sacré sans
cesse étoit présent à la pensée ; on l'accom-
plissoit avec joie, on s'en faisoit un titre de
gloire, une source de mérites continuels ; et
quoique la dignité sacerdotale, commune à
la plupart des religieux, établît entre eux
une espèce d'égalité, ils s'empressoient tous
d'accomplir la volonté du supérieur comme
celle de Dieu même.

Les philosophes du jour sont parvenus à
jeter du ridicule sur les vertus chrétiennes ;
ils blasphêment contre l'humilité sans la connoître, et nous demandent ironiquement à
quoi elle sert : aveugles qui n'ont pas vu
qu'elle est la source de l'ordre et de la paix
dans toutes les classes de la société ; ils rient
de la mortification chrétienne, et ne savent
pas combien l'exemple de cette vertu, donné
par les maîtres, seroit utile dans nos établissemens. Je suis loin de prétendre qu'on
y affiche la sensualité et l'intempérance : à
Dieu ne plaise que, dans un ouvrage con-
sacré à la Religion, j'emploie la calomnie
contre des hommes respectables dont je m'ho-
nore d'être le collègue ; mais, qu'il me soit

permis d'indiquer des imperfections qui tiennent aux choses bien plus qu'aux personnes.

Dans plusieurs Lycées, les élèves se plai-
gnent de la nourriture ; je n'examine pas si
leurs plaintes sont fondées, elles sont fréquentes ; mais ce qui doit en augmenter
l'amertume, ce qui doit faire sentir plus vi-
vement aux élèves des privations même nécessaires, c'est que les maîtres n'y sont pas
tous astreints : les jeunes gens ont sous les
yeux des alimens beaucoup mieux préparés
que les leurs ; ils voient, tous les jours,
porter aux chefs de l'établissement des mets,
non pas recherchés, mais bien meilleurs que
la nourriture destinée au pensionnat ; ils re-
marquent cet usage ; et, sans entrer dans les
raisons qui ont pu le faire établir, ils en mur-
murent hautement. Je vais plus loin : le respect dû aux supérieurs en est affoibli ; jamais
les jeunes gens ne prendront les sentimens de
vénération qu'ils doivent à des maîtres, quand
ils seront gouvernés par des hommes qui leur
feront supporter des privations, sans les par-
tager avec eux.

Supposez une société de religieux diri-
geant un Lycée ; cet inconvénient grave dis-
paroît : on vit à une table commune, même
nourriture pour tous ; et les chefs, exercés

à la mortification chrétienne, ont pour leurs
élèves plus de soins et d'attentions que pour
eux-mêmes ; quelle prodigieuse différence !

Comparons maintenant les moyens de s'appliquer à l'étude et à l'enseignement, dans
une maison religieuse, avec ceux que peuvent avoir des hommes vivant dans le monde.
Chez les premiers, il n'y a pas une seule cause
de distractions ; à l'abri du besoin, ils n'ont
plus qu'à penser à leur devoir, et tout con-
court à leur en faciliter l'accomplissement :
les autres, quelque zélés qu'on les suppose,
quelque éloignés qu'on les puisse croire de
l'ambition et des vains amusemens, seront
toujours en proie à mille sollicitudes presque incompatibles avec leurs fonctions ; et,
heureux, aujourd'hui, ceux qui ne sont pas
obligés, pour soutenir leurs familles, d'é-
puiser, par un surcroît de travail, les forces
dont ils ont besoin dans l'exercice de leur
emploi.

Quel avantage les membres d'une société
enseignante ne trouvent-ils pas dans l'habi-
tation commune ? Ils se reposent des fatigues
de leur état, en conversant entre eux sur
les moyens de s'y perfectionner et de mul-
tiplier les succès de leurs travaux ; ils s'ap-
planissent mutuellement les difficultés qu'ils

rencontrent ; ils se communiquent leurs ob-
servations ; et leurs amusemens même tour-
nent au profit des élèves : or, tous ces moyens
si puissans n'appartiennent pas aux professeurs qui vivent dans le monde ; ceux-ci ne
se réunissent presque jamais ; à peine sortis
de leurs classes, ils rentrent dans leurs familles, pour y trouver ou des fatigues nouvelles, ou des amusemens qui n'ont guère
de rapport avec leurs fonctions.

Les établissemens des Lycées portent dans
leur sein plusieurs causes d'une ruine assu-
rée et prochaine ; mais le plus grand vice de
leur constitution est dans les maîtres d'étude :
ce sont pour l'ordinaire des jeunes gens à
qui l'on confie ces fonctions importantes et
pénibles. Où trouver aujourd'hui des jeunes
gens qui aient de la religion et des mœurs ?
Combien parmi ceux qu'on employa dans
nos Lycées, furent le scandale d'une jeunesse qu'ils devoient édifier ? Plusieurs sont
allés jusqu'à introduire des livres impies dans
ces établissemens. Mais quand vous suppose-
riez la plupart des maîtres d'étude doués de
religion et de bonnes mœurs, vous auriez
toujours en eux des hommes peu propres à
exercer une telle fonction. Tous ceux qui
s'y présentent, ne le font que par nécessité,

dans l'espérance de la quitter bientôt ; ils
ne s'attachent point à cet état, et s'occupent
d'un autre, à l'étude duquel ils consacrent
leurs loisirs, et, peut-être, plusieurs momens dérobés à leurs devoirs ; enfin, traités
d'une manière qui les fait paroître à une dis-
tance prodigieuse des chefs ; nourris avec
les élèves dont ils encouragent peut-être les
plaintes et les railleries contre les supérieurs,
ils n'obtiennent des jeunes gens aucun sen-
timent de considération et de respect.

Cette fonction, dans une société religieuse,
prendroit un tout autre caractère. Peu importe aux religieux à quoi on les occupe ;
rien de ce qui peut contribuer à la gloire de
Dieu, ne leur paroît petit ; égaux d'ailleurs
par la dignité sacerdotale aux supérieurs
mêmes avec lesquels ils partagent le titre de
Père, quelques fonctions qu'ils exercent, ils
sont presque également vénérés ; tout est
grand chez eux, parce que tout y est saint;
le moindre emploi y a quelque chose de touchant et d'auguste ; on y sait même adoucir
et relever l'état des domestiques, en les ap-
pelant du nom de Frère.

Il me semble impossible qu'avec un peu de
bonne foi on révoque en doute l'importance
d'un ordre religieux pour l'instruction pu-

blique. Représentez-vous, dans chaque chef-
lieu de département, une maison composée
d'un certain nombre d'ecclésiastiques réunis
en communauté, tranquilles sur les besoins
de la vie, uniquement occupés des fonctions
qui leur sont confiées, formant des sujets
pour la religion et la patrie : voilà l'image
de cette belle société qui ravissoit l'ame du
grand Bossuet; de cette société libre et sainte,
*qui n'avoit d'autres vœux que ceux du
Baptême, d'autres règles que celles de
l'Eglise.* Quelle supériorité une telle institution n'auroit-elle pas sur nos établissemens ?
avec quelle confiance les pères de famille
viendroient déposer leurs enfans dans ces
asyles sacrés des mœurs et des vertus, des
sciences et des lumières ! et quels avantages
en résulteroient pour la Religion ! Sans doute
on y formeroit dés sujets pour l'Eglise dé-
laissée ; les parens ne détourneroient plus
leurs enfans de l'état ecclésiastique, en voyant
les nouvelles ressources offertes aux Ministres des Autels, et nous n'aurions plus à redouter l'extinction prochaine du Sacerdoce.
Ces établissemens précieux qui pourroient
fournir encore et des succursales dont on a
tant besoin, et des Prêtres pour les desser-

2.

vir, coûteroient peu de choses à l'Etat (1),
et peut-être les verroit-on bientôt dotés abon-
damment par la reconnoissance et la piété
des fidelles.

Nous ne pouvons, dans ce moment, jouir
d'un tel avantage ; mais il est facile de l'obtenir en moins de quinze années ; et pour
y parvenir, il suffit premièrement d'établir
quelques écoles normales qui seroient dès-à-
présent dirigées par des ecclésiastiques, et
dans lesquelles on admettroit pour élèves des
jeunes gens qui se destineroient à la prêtrise
et à l'instruction ; en second lieu, de remplacer par des ecclésiastiques, autant qu'il
sera possible, les professeurs actuels dont
les places viendront à vaquer.

Avant de passer à la seconde partie, et
d'indiquer les abus qui nuisent actuellement
aux progrès des études, je dois dire un mot
sur les écoles destinées aux indigens ; la
Religion est encore gravement intéressée dans
cet objet.

Nous voyons avec la plus vive douleur
les enfans des pauvres croupir dans une
oisiveté funeste où s'engendrent tous les
vices ; nous les voyons continuellement, dans

(1) Voyez pag. 55.

les promenades et sur les places publiques,
jouer, se disputer et se battre; on les y en-
tend dire, chanter des paroles obscènes, et
jurer le saint nom de Dieu. Ah! si les Frères
de la Doctrine chrétienne étoient rétablis
dans toutes les villes, ce scandale cesseroit
à l'instant (1); ces pieux instituteurs feroient
germer des sentimens religieux dans cette
jeunesse infortunée, et, par des leçons assi-
dues sur les premières connoissances, ils la
mettroient en état de sortir de la misère et
de servir honorablement la société dont,
autrement, elle va devenir le fléau.

---

(1) Malgré les frémissemens des impies à l'aspect
d'un costume religieux, la ville de Dijon rétablit enfin
dans ses murs cette précieuse institution dont elle fut
si long-temps privée. Bien loin de proscrire les hum-
bles et utiles Frères de la Doctrine chrétienne, l'opinion publique les rappelle avec empressement, les
accueille avec joie; en vain quelques misérables char-
latans ont tâché de corrompre l'opinion publique dont
ils se prétendoient les directeurs; en vain, pour nous
persuader qu'ils ont réussi, usurpent-ils encore son
nom vénérable en faveur de leur association toujours
anti-sociale; ils ne doivent plus nous en imposer.
Couvrons de nos justes mépris cette clique odieuse;
rions de ses manœuvres enfin dévoilées, de son impu-
dence à semer le mensonge avec la calomnie, à s'attri-
buer exclusivement toute espèce de mérite, et laissons-
la s'écrier au milieu des huées :

« Nul n'aura de l'esprit hors nous et nos amis. »

SECONDE PARTIE.

J'ai dit que les changemens opérés dans
l'éducation y avoient introduit plus d'imperfections et d'abus qu'ils n'en ont corrigé.
On a pu remarquer dans nos anciennes institutions trop de négligence dans l'étude de
la langue française et des mathématiques,
trop de disparité dans le mode d'enseignement, et quelquefois un usage inconsidéré
des moyens de correction : aujourd'hui , je
vois l'indocilité des élèves portée à son comble ; l'étude de la grammaire et des lettres ,
qui ne peut être différée, entravée à grands
frais par celle des sciences à laquelle il est
presque toujours temps de s'adonner; la philosophie considérablement négligée ; les
Lycées liés à d'inutiles académies , appuyés
sur des fondemens ruineux, et soutenus par
des moyens tyranniques ; enfin, une fastidieuse et nuisible uniformité dans les fonctions des professeurs. Nous allons exposer
ces cinq espèces d'imperfections en autant
de paragraphes , où nous indiquerons les
remèdes pour chacune d'elles ; dans un sixième
paragraphe , nous donnerons un projet détaillé sur l'organisation de certaines écoles

que nous regardons comme devant être le fondement de l'instruction publique; un septième enfin sera employé à récapituler nos propositions, et à indiquer les moyens simples et faciles de les exécuter.

§. 1.

Indocilité actuelle des jeunes gens.

La jeunesse est devenue prodigieusement indocile, tout le monde s'en plaint; mais il n'y a que les maîtres qui sachent bien jusqu'où ce vice est parvenu. Nous pourrions en citer quelques traits qui frapperoient nos lecteurs d'étonnement et d'effroi. L'insubordination est réfléchie au point qu'on en fait un système, un plan combiné; il se forme des partis où l'on interdit l'obéissance à certains ordres des maîtres; lorsque les plus grands élèves ont décidé que tel ou tel devoir ne seroit pas fait, ceux qui s'en acquittent sont injuriés et battus par les rebelles; les plus foibles sont toujours dominés et maltraités par les plus forts : de vénérables professeurs souvent sont bravés dans leurs classes, au point qu'on a vu des élèves frapper en leur présence quelques-uns de leurs condisciples. Il n'est presque plus

d'écoliers qui travaillent ; de jeunes paresseux
n'ont pas craint, quand on les interrogeoit,
de répondre, en riant, qu'ils ne savoient pas
leurs leçons ; et si on les menaçoit, leur air
de dédain ou leurs paroles insolentes fai-
soient voir clairement combien ils se mo-
quoient des punitions en usage ; et remar-
quez que les plus insolens sont ordinairement les plus petits, preuve évidente que les
châtimens actuels ne suffisent pas. Le plus
grave est la prison ; les enfans s'en jouent,
et y trouvent peut-être l'écueil de leur in-
nocence, ou l'occasion fatale qui doit augmenter leur corruption. Souvent on est obligé
de différer cette peine, car il n'est pas convenable d'enfermer deux élèves dans une
même chambre ; or, personne n'est plus im-
prévoyant qu'un écolier ; les menaces dont
l'effet n'est pas subit, ne le touchent guères ;
enfin, les caractères sont différens, la puni-
tion qui convient à l'un, ne convient pas à
l'autre. Laissez donc à des maîtres bien choisis le soin de trouver les moyens de répression ; n'interdisez aucun de ceux qu'admit
la sagesse de nos pères ; seulement ayez la
précaution de remettre les plus graves peines
à la disposition du chef de l'établissement ;
par-là vous préviendrez une rigueur exces-

sive , et vous serez certains que les châtimens
sévères dont autrefois on abusa peut-être ,
ne seront plus employés désormais que contre la mauvaise volonté et l'obstination évi-
demment reconnues. Souvenez - vous que ,
dans une maison d'éducation , l'on a besoin
d'imposer à la jeunesse une contrainte per-
pétuelle ; que la vie d'un écolier est , et
doit être moins libre que celle même d'un
soldat ; que la paresse et les autres vices sont
souvent plus difficiles à surmonter que la
crainte de la mort ; que pour obtenir une
telle victoire, il faut de puissans moyens :
sachez enfin que la patience , cette première
vertu des instituteurs , s'affoiblit par l'im-
puissance où vous les réduisez , et que trop
souvent le défaut de moyens les irrite et
les décourage.

§. 2.

Les sciences et les lettres réunies dans
les classes des Lycées se nuisent
mutuellement.

Les mathématiques portées à un très haut
degré , ne sont nécessaires qu'à un très petit
nombre d'emplois ; on doit se borner dans
les écoles ordinaires , à en enseigner les élémens ; il faut confier la partie transcendante

à quelques écoles spéciales destinées pour
ceux qui voudroient faire leur état des sciences mathématiques ; on peut rendre encore
ces élémens très étendus , en les enseignant
de la manière que nous indiquerons ; mais
trois professeurs de cette science dans les
Lycées , un de physique , un d'histoire naturelle , occasionnent d'abord une dépense
très inutile (1) ; de plus, leurs leçons réunies à
d'autres études , en arrêtent singulièrement
les progrès , et deviennent elles-mêmes très
peu utiles pour des jeunes gens occupés d'objets si multipliés et si disparates ; c'est sur-
tout aux belles-lettres qu'elles font le plus
grand tort ; il étoit impossible d'imaginer
une union plus mal assortie , et tout le
monde doit comprendre que des élèves occupés le matin aux charmes de la poésie , à
la hardiesse et à la vigueur de l'éloquence ;
le soir , à la précision et à l'exactitude des
mathématiques , auront peine à réunir chaque jour des idées si peu compatibles , et
que nécessairement ils doivent faire dans
l'une et l'autre partie des progrès beau-

(1) En 1816 la chaire de mathématiques transcen-
dantes a été supprimée dans l'Académie de Dijon ; on
vient d'y en établir une de chimie.

coup moins rapides que s'ils les étudioient
chacune séparément. L'étude des mathématiques me paroît devoir se lier très avanta-
geusement avec la philosophie dont nous
allons parler.

§. 3.

De l'étude de la Philosophie.

La philosophie est aujourd'hui considérablement négligée ; elle étoit totalement
omise, il y a quelques années ; avant la révolution, on l'enseignoit d'une manière sèche
et fastidieuse : il est facile toutefois de perfectionner cette précieuse étude, dont les
avantages ne peuvent être contestés que par
des esprits superficiels, ou des ennemis de
la vérité.

Comme en enseignant l'architecture, on
indique en même temps aux élèves, et les
moyens de rendre un édifice solide, et ceux
de l'orner d'une manière convenable ; ainsi
les maîtres qui dirigent les jeunes gens dans
la recherche de la vérité, doivent non-seulement leur apprendre à la trouver, mais encore à la montrer aux autres avec la force,
la majesté, et tous les attraits dont elle est
susceptible : c'est pourquoi il faut en philosophie, revenir sur les belles-lettres, s'exer-

cer non-seulement à décomposer, mais aussi
à recomposer un discours ; il faut enrichir
ses thèses des meilleures productions des
orateurs, des poëtes et des philosophes ; en
un mot, il faut se rappeler que la philosophie et la rhétorique sont deux sœurs qu'on
ne devroit point séparer.

Une autre considération non moins importante doit attirer notre attention ; c'est
que, d'un côté, l'étude de la philosophie,
quand elle marche seule, accoutume l'esprit
à des spéculations un peu conjecturales; d'un
autre côté, les mathématiques étudiées seules
ne l'accoutument qu'à un seul genre de dé-
monstration, et lui donnent de la rudesse
pour sentir les vérités qui ne sont pas mathématiques et qui sont toutefois de la plus
haute importance.

Pour éviter ces inconvéniens, il faut étudier la philosophie et les mathématiques en
même temps, pendant deux années, au lieu
de les étudier une année chacune séparément ; ainsi, outre l'avantage de la diver-
sion dans des études qui s'accordent si bien,
on en trouvera encore un autre considérable ; car il est évident que l'on avance beaucoup plus dans une science quelconque, en
y consacrant la moitié de son temps pendant

deux années consécutives, qu'en y donnant
tout son temps pendant une seule année.

Il faut que le professeur de philosophie
revienne sur les belles-lettres, et que celui
de mathématiques ajoute à son cours les
premiers élémens de physique et d'histoire
naturelle : tout cela peut se faire aisément
en supposant toutes les classes de deux heures
et demie le matin, et d'autant le soir ; ce travail n'est point excessif, il avoit lieu autrefois pour les classes inférieures ; et je ne puis
comprendre pourquoi des professeurs plus
rétribués que leurs collègues, et occupés
d'objets plus agréables, devroient donner des
leçons plus courtes ; ni pourquoi les jeunes gens les plus avancés en âge et en
science, devroient être moins long-temps en
classe que les autres écoliers.

En parlant des fonctions du professeur de
mathématiques, je trouve l'occasion d'exposer la cause principale du peu de progrès
que les commençans font pour la plupart dans
cette classe. C'est l'admission d'élèves qui
n'ont aucun exercice dans le calcul ; la dif-
ficulté qu'ils éprouvent à effectuer les opérations rebute le plus grand nombre d'entre eux ; et dès les premiers jours, la majeure
partie de la classe se trouve dans l'impossi-

bilité de suivre des leçons qui n'avancent
pourtant qu'avec une extrême lenteur. Or ,
il est facile de donner aux jeunes gens ,
pendant les classes de latin , une grande habitude dans le calcul, sans y employer un
temps considérable. On peut leur apprendre,
en plusieurs années , les premières règles de
l'arithmétique expliquées très simplement ;
et même les exercer , à mesure qu'ils avancent en âge , sur des opérations plus com-
pliquées , dont on les laisseroit entrevoir les
raisons, d'eux-mêmes , en attendant qu'ils
fussent parvenus dans la classe où ils doivent en étudier les démonstrations rigou-
reuses. Ces exercices pratiqués de bonne
heure donneroient infailliblement le moyen
de faire les plus rapides progrès en mathématiques, et augmenteroient de beaucoup
le nombre des élèves qui réussiroient dans
cette étude non moins importante que dif-
ficile.

§. 4.

Nécessité de supprimer les Académies de
l'Université avec les Lycées , et de les
remplacer par des établissemens plus
utiles et moins dispendieux.

L'inutilité de ces académies est générale-
ment reconnue aujourd'hui ; personne ne

s'avise de les défendre , excepté quelques
hommes qui ont intérêt à perpétuer les abus.
Représentez-vous une foule de professeurs
qui donnent , pendant neuf mois de l'année ,
chaque semaine , trois heures de leçons à
peines suivies , fautes d'élèves qui trouvent
le temps d'y assister , ou qui aperçoivent
quelques fruits à en retirer ; voyez ces mêmes hommes recevoir le double du traitement assigné aux professeurs qui enseignent
pendant dix mois et demi de l'année , vingt
ou vingt-quatre heures par semaine , et dont
les classes sont toujours remplies ; voilà une
esquisse fidelle de cette absurde institution.

Il est évident que ces académies sont absolument inutiles ; que toutes les leçons qu'on
y donne peuvent se faire , et déjà se font
avec plus de fruits dans les différentes écoles
spéciales actuellement existantes et fréquen-
tées par des élèves qui vont y étudier un état ;
que , pour toutes autres personnes, de telles
leçons deviennent absolument superflues ; en
un mot qu'on ne s'apercevroit de la suppression proposée que par les économies très
avantageuses qui en résulteroient, et qui
tourneroient au profit de l'instruction publique.

Quant aux Lycées, on doit sentir, d'après

les raisons déjà exposées dans la première
partie, qu'ils ne peuvent guère subsister tels
qu'ils sont : les réflexions suivantes le feront
mieux sentir encore.

Tout se fait dans les Lycées pour des pen-
sionnaires, dont la plupart sont aux frais
du Gouvernement ; les externes plus nombreux n'y sont qu'un accessoire ; le bien que
le Gouvernement opère avec des dépenses
considérables, ne tourne qu'au profit d'un
petit nombre ; encore faut-il pour cela employer des moyens que j'ose nommer tyranniques ; nous savons sous quelle domination
ils furent inventés. On astreint les communes
à fournir des bourses, et souvent pour des
élèves qui leur sont étrangers ; on prive des
maîtres instruits et vertueux des moyens de
gagner leur subsistance ; on leur interdit l'enseignement des élèves capables d'entrer aux
Lycées ; on leur fait payer bien cher le droit
d'en former quelques-uns pour ces établissemens ; on tâche de rebuter ces hommes
respectables, afin que les parens n'aient d'autres ressources que les Lycées pour élever
leurs enfans, et soient contraints de les y
placer, malgré leur répugnance (1) ; on

_____

(1) Croiroit-on que l'on pousse la tyrannie au point
d'interdire aux Grammairiens l'enseignement des élèves

donne aux professeurs un modique traitement fixe, auquel on ajoute des parts de la
rétribution, et par-là, on les réduit à spé-
culer sur le nombre de leurs élèves et à
entrer dans des considérations indignes de
leur état. Malgré tous ces moyens et les
sévères économies qu'on est obligé de faire
sur la nourriture du pensionnat, les Lycées
peuvent à peine subsister. Cependant, avec
une légère dépense, il est possible de former des Colléges plus nombreux que les
Lycées, où l'instruction soit plus utile, et
les professeurs aussi bien rétribués.

Il faut donc abandonner ces établissemens,
bons seulement pour inspirer à la jeunesse
un goût prématuré de l'état militaire; ils ne
subsistent que par des moyens odieux: re-
tirez ces misérables étaies qui les soutiennent,
et toutes ces maisons tombent d'elles-mêmes;

---

qui étant capables de sixième ne fréquenteroient pas
le Lycée? Ainsi les jeunes gens qui n'ont appris les
premiers principes du latin qu'à l'âge de quinze ou
seize ans, et qui ont besoin par conséquent d'une
instruction plus rapide qu'on ne la donne ordinairement
dans les classes, se trouvent réduits à quitter leurs
études, ou à se traîner, pendant six années, au milieu
d'une troupe d'enfans, sur des leçons fastidieuses dont
la marche tardive est mesurée d'après la foiblesse du
premier âge.

mais hâtez-vous de les remplacer par autant
de Colléges que de Départemens. Onze ou
douze employés suffisent pour chacun, et
y produiront beaucoup plus de fruits qu'on
n'en retire des Lycées et des Académies en-
semble. On peut établir dans chaque Collége un pensionnat qui n'y seroit qu'un accessoire, et rien n'empêchera que le Gouvernement ne continue à récompenser les
services de plusieurs citoyens, en les aidant
à placer leurs fils dans ces nouveaux établissemens.

D'après les changemens que je propose,
on ne doit plus chercher à décourager les
grammairiens; au contraire, il importe beaucoup de ranimer le zèle de ces hommes respectables dont on aura toujours besoin ; il
faut, après s'être assuré de leur capacité et
de leur bonne conduite, leur laisser la fa-
culté d'enseigner les premiers élémens. Ce travail ne convient guère aux professeurs des
Colléges, dont les classes sont ordinairement
trop nombreuses et d'une trop courte durée
pour ce genre d'instruction, qui exige des
soins détaillés plutôt que de rares talens. L'expérience nous apprend que les commence-
mens doivent être enseignés à un petit nombre
à la fois ; les enfans très jeunes entendent

peu des leçons générales ; il faut souvent in-
terroger chacun d'eux en particulier pour
s'assurer s'il a bien compris, et visiter chaque
jour les devoirs de tous , afin de prévenir une
multitude de fautes dont l'habitude devien-
droit incorrigible. Tous ces petits soins ,
comme je l'ai dit, ne conviennent pas dans
une classe nombreuse et de courte durée ; il
faut donc les laisser à des maîtres particuliers qui, à ce travail, pourroient joindre encore celui de répéter les élèves admis dans
les classes inférieures des Colléges ; ces deux
fonctions s'accorderoient très bien : les grammairiens instruiroient les commençans pendant les cinq heures que dureroient les classes
des Colléges ; ils garderoient chez eux ces
mêmes élèves , qui feroient leurs devoirs pendant la répétition de ceux qui fréquenteroient
les Colléges. On sait que les grammairiens
tiennent leurs écoliers au moins huit heures
par jour, ce qui est très utile aux commençans, et très agréable aux pères de famille.

§. 5.

Nuisible uniformité dans les fonctions des Professeurs.

Dans nos institutions actuelles, les professeurs recommencent tous les ans la même

3

classe avec de nouveaux écoliers ; outre une
fastidieuse uniformité, il en résulte encore
plusieurs inconvéniens que la pratique de
l'enseignement peut seule rendre bien sen-
sibles : les professeurs ne peuvent acquérir
assez d'expérience pour connoître les changemens que l'âge opère dans le cœur et dans
l'esprit des jeunes-gens ; après avoir préparé
des exercices pour environ deux années, ils
n'ont plus un besoin essentiel du travail, et
par-là se trouvent exposés à en perdre l'habitude et le goût ; enfin ils sont privés du plai-
sir touchant de former avec leurs élèves ces
pieux et durables attachemens qui sont la
plus douce récompense des maîtres, et leur
donnent, sur ces mêmes élèves, devenus
hommes, une heureuse influence dont l'utilité se répand au loin. Autrefois chaque professeur conduisoit ses écoliers pendant le
cours des classes inférieures, et cette facile
carrière étant achevée, il la recommençoit.
En vain l'on nous objecteroit contre cet
usage, qu'un professeur peu instruit pourroit faire beaucoup de tort à des élèves qu'il
conduiroit pendant plusieurs années : il faudroit une ignorance extrême, pour n'être pas
capable de diriger la jeunesse pendant toutes
les classes inférieures ; celui qui se trouve-

roit dans ce cas, mériteroit à peine d'être admis pour maître d'études; un tel inconvénient
ne peut donc avoir lieu parmi des professeurs
bien choisis. Je vois enfin beaucoup d'avantages certains et nul danger réel à se rappro-
cher encore ici de la méthode ancienne. La
manière d'exécuter cette idée et toutes celles
qui précèdent, s'éclaircira davantage par le
projet d'organisation des Colléges, qui sera
la matière du paragraphe suivant.

§. 6.

ORGANISATION DES COLLÉGES.

Les Colléges établis en aussi grand nombre
que les Départemens, nous semblent devoir
être la base de l'instruction publique; là doivent se former les élèves qui aspireront aux
Écoles spéciales; là doivent être puisés les
élémens des connoissances les plus utiles à la
société : c'est pourquoi nous allons proposer
un projet détaillé sur l'organisation de ces établissemens. Puissions-nous les voir fleurir un
jour sous le titre cher et vénérable de *Colléges royaux !*

Titre I.

Des employés des Colléges, de leurs fonctions et de leurs traitemens.

Article premier.

Il y auroit un Collége par chef-lieu de Département.

Art. 2.

Chaque Collége seroit composé d'un principal ; de huit professeurs, savoir : quatre pour les classes inférieures, quatre pour les classes supérieures ; et de deux suppléans.

Art. 3.

Le Principal feroit les fonctions de recteur dans tout le Département ; il y auroit la surveillance de tous les établissemens d'instruction tant publics que particuliers, à l'exception des Écoles spéciales. Il résideroit dans le Collége, y établiroit les moyens de répression qu'il jugeroit convenables, et pourroit y former un pensionnat, dont le bénéfice seroit employé aux réparations du bâtiment.

Art. 4.

Les professeurs de classes supérieures tiendroient lieu des professeurs actuels d'Académie. Ils feroient, outre leurs cours, les examens pour la collation des grades, jusqu'à celui de docteur inclusivement pour les lettres , et exclusivement pour les sciences.

ART. 5.

Les traitemens seroient de 3000 fr. pour le principal , 2000 fr. pour chaque professeur , et 1000 fr. pour chaque suppléant.

ART. 6.

Les professeurs de classes supérieures recevroient un supplément de traitement sur les droits perçus pour la collation des grades.

TITRE II.

De l'enseignement.

ARTICLE PREMIER.

Les classes commenceroient chaque année le 3 novembre et finiroient le 31 août.

ART. 2.

La durée de chaque classe seroit de deux heures et demie le matin , y compris le temps de la messe , à laquelle les élèves seroient conduits chaque jour par les professeurs. Le soir, aussi de deux heures et demie , y compris une demi-heure qui seroit consacrée , un jour de chaque semaine, à une instruction religieuse où les élèves seroient conduits par les professeurs.

Art. 3.

Il y auroit quatre classes inférieures et quatre supérieures.

Les inférieures seroient 1.re, 2.e, 3.e et 4.e années de grammaire; les supérieures seroient 1.re et 2.e années de belles-lettres, philosophie et mathématiques.

Art. 4.

On enseigneroit dans les classes inférieures, le français, le latin et le grec; les élémens d'histoire, de géographie, de mythologie et d'arithmétique.

Les quatre professeurs de ces classes feroient tour à tour les quatre années, de manière que les élèves de 1.re année seroient conduits jusqu'en 4.e année inclusivement par le même professeur, qui reviendroit ensuite en 1.re année.

Art. 5.

Pour être admis en 1.re année de grammaire, il faudroit, 1.º lire et écrire facilement; 2.º savoir la grammaire française de Lhomond jusqu'aux participes exclusivement; 3.º le rudiment de Lhomond jusqu'à la syntaxe exclusivement; 4.º pouvoir faire des thêmes sur toutes les règles qui précèdent la syntaxe, et se trouvent, dans ce rudiment, à la suite de chaque espèce de mots ; 5.° être capable d'expliquer une partie de l'*Epitome Historiae sacrae*, et quelques fables de Phèdre.

ART. 6.

Les élèves ainsi formés par les grammairiens, seroient admis en 1.re année de grammaire, où ils répéteroient les objets ci-dessus. Ils étudieroient la première partie de la syntaxe de Lhomond, et seroient exercés principalement à faire des thèmes sur les règles qu'elle contient. Ils expliqueroient Phèdre, *De Viris illustribus*, *Appendix de Diis*, continueroient l'étude de la grammaire française, apprendroient les élémens de l'Histoire sainte et de la géographie, et seroient exercés sur deux ou trois des premières opérations de l'arithmétique.

ART. 7.

En seconde année de grammaire, on continueroit l'étude de la grammaire française ; on feroit apprendre la seconde partie de la syntaxe de Lhomond ; on exerçeroit les élèves à faire des thèmes sur cette partie ; on reviendroit sur la précédente ; on expliqueroit *Cornelius Nepos*, Phèdre, quelques fables

d'Ovide ; on commenceroit le grec au milieu
de l'année, grammaire grecque de Burnouf ;
première partie des Fables d'Esope, recueillies
par Leroi ; Histoire ancienne , géographie ;
répétition et continuation des exercices d'a-
rithmétique.

Art. 8.

En troisième année de grammaire , répétition des grammaires française et latine , de
Lhomond ; exercices de thêmes sur toute la
syntaxe ; explication de quelques-uns des auteurs suivans : Quinte-Curce , Justin, César,
Virgile ; continuation du grec , même grammaire ; seconde et troisième parties des fables
de Leroi , Histoire romaine , géographie ;
on commenceroit, au milieu de l'année , la
poésie latine , prosodie ; répétition et continuation des exercices d'arithmétique.

Art. 9.

En quatrième année de grammaire , on
étudieroit l'élégance latine (1) ; Manuel du
grammairien ; explication dans quelques-uns
des auteurs suivans : Quinte-Curce , Salluste ,

---

(1) Le meilleur exercice pour apprendre à écrire
élégamment en latin , est de traduire en français quelques passages choisis, et de remettre cette traduction
en latin.

Tite-Live, Cicéron, Virgile ; continuation du grec, même grammaire ; Isocrate ; nouveau Testament, texte grec ; continuation de la poésie, prosodie ; Histoire du moyen âge ; géographie ; répétition et continuation des exercices d'arithmétique.

Art. 10.

En première année de belles-lettres, on étudieroit quelques-uns des auteurs suivans : Cicéron, Tite-Live, Tacite, Quintilien, *Conciones*, Virgile, Térence, Horace ; Classiques français ; Démosthène, Homère, Anacréon ; même grammaire grecque ; on étudieroit dans une Rhétorique française, la partie qui traite du style. Les élèves seroient exercés à la poésie, et à composer des narrations françaises et latines ; Histoire de France, géographie ; répétition et continuation des exercices d'arithmétique.

Art. 11.

En seconde année de belles-lettres, mêmes auteurs ; on étudieroit dans une Rhétorique française, l'art oratoire ; les élèves seroient exercés à la poésie, à composer des discours français et latins ; suite de l'histoire de France ; géographie ; exercices d'arithmétique sur toutes les opérations.

Art. 12.

Les cours de philosophie et de mathématiques se feroient conjointement en deux années ; les professeurs de ces cours ne changeroient point entre eux de fonctions chaque année ; mais chaque jour ils changeroient d'élèves, de la manière qui sera expliquée dans les quatre articles suivans.

Art. 13.

Le professeur de philosophie enseigneroit, le matin, aux élèves de première année, la logique et la théologie naturelle en latin ; il feroit analyser et recomposer des discours ou fragmens de discours français et latins ; il expliqueroit quelques passages des philosophes grecs, tels que Platon, Aristote, etc. ; il donneroit à la fin de l'année une thèse publique sur la logique et la théologie naturelle. Les élèves de ce cours iroient le soir en mathématiques.

Art. 14.

Le professeur de mathématiques enseigneroit, le soir, aux élèves de première année, l'arithmétique, les élémens de géométrie et d'algèbre, et des élémens très succincts de physique et d'histoire naturelle.

Art. 15.

Le professeur de philosophie enseigneroit, le soir, aux élèves de seconde année, la psychologie et la morale ; il donneroit un court exposé des preuves fondamentales de la Religion ; il exerceroit à analyser et à recomposer des discours français et latins ; il expliqueroit quelques passages des philosophes grecs ; il donneroit à la fin de l'année une thèse publique sur toutes les parties de la philosophie ; savoir : la logique, la théologie naturelle, la psychologie, la morale et les preuves fondamentales de la Religion ; il auroit soin d'orner ses thèses de morceaux analogues, choisis dans les philosophes, les poëtes et les orateurs français, grecs et latins. Les élèves de ce cours iroient le matin en mathématiques.

Art. 16.

Le professeur de mathématiques enseigneroit, le matin, aux élèves de seconde année, la suite de l'algèbre et de la géométrie, l'application de l'algèbre à la géométrie, etc. ; la suite des élémens de physique et d'histoire naturelle.

Art. 17.

Il y auroit dans toutes les classes, les mardis de chaque semaine, une composition écrite.

Art. 18.

Un mois avant la fin de chaque année, il
y auroit un exercice public pour chaque
classe inférieure, et thèse publique pour chacune des classes supérieures.

Art. 19.

Au milieu et à la fin de chaque année, il
y auroit des examens dans toutes les classes ;
ces examens seroient faits par le principal,
un des suppléans, le professeur de la classe
et celui de la classe suivante ou précédente.

Art. 20.

L'année se termineroit par une distribution
solennelle de prix.

N. B. Si je place la distribution des prix
et les examens vers la fin de l'année, c'est
pour ne point paroître m'écarter excessive-
ment de l'usage actuel ; mais j'ai observé
pendant long-temps que la distribution des
prix n'excite guère qu'une émulation stérile,
parce qu'on ne saisit pas le temps convenable de mettre à profit les bonnes résolu-
tions qu'elle inspire ; cette ardeur momen-
tanée s'évanouit pendant les jours de repos
et de dissipation qui suivent immédiatement ;
c'est pourquoi il me semble qu'il seroit bon

de placer au milieu du mois de mai cette importante cérémonie ; et comme les écoliers sont dans l'usage de ne plus travailler le dernier mois, il seroit peut-être encore très utile de faire, dans le courant de juillet, tous les exercices publics et les examens, excepté ceux de philosophie et de mathématiques ; par ce moyen, les élèves pourroient entrer, avant le 1.er août, dans les classes où ils auroient mérité de monter ; ce nouveau travail leur donneroit sans doute un courage nouveau qu'il entretiendroit facilement jusqu'à l'époque des vacances.

OBSERVATIONS.

I. On voit, d'après cet exposé, que le cours des études seroit de 8 ans dans les colléges ; les enfans peuvent y être admis après avoir passé un an ou deux chez les grammairiens, c'est à-dire de huit à onze ; ils auroient par conséquent achevé leurs études à l'âge de 16 à 19 ans. C'est aux parens à prendre des mesures pour que leurs enfans ne finissent leurs classes ni trop tôt, ni trop tard ; l'âge de dix-sept à dix-huit ans me paroît l'époque la plus favorable pour sortir des colléges et s'occuper du choix d'un état.

II. Il est de la plus haute importance que les parens tiennent la main à ce que leurs

enfans sachent de bonne heure lire et écrire
facilement. Les écoliers qui lisent mal font
ordinairement très peu de progrès ; l'étude
devient pour eux une fatigue insupportable,
attendu qu'ils éprouvent une double peine,
celle de lire leurs auteurs, et celle de les
comprendre. Une mauvaise écriture est aussi
un grand obstacle aux bonnes études ; les
enfans qui écrivent mal n'ont aucun zèle à
tenir leurs cahiers en ordre, à faire des ex-
traits et à copier des morceaux choisis ; ils
sont ainsi privés d'un des meilleurs moyens
d'exercer leur mémoire; les plus rapides succès résultent de l'habileté dans ces deux exercices, qui ont encore l'avantage d'être un
délassement l'un de l'autre.

III. Il est urgent de faire expurger les auteurs classiques ; il se trouve dans plusieurs
quelques phrases qui peuvent scandaliser la
jeunesse ; on les passe en expliquant, et par
là on excite une curiosité dangereuse. Il faut
réimprimer ces livres en caractères gros et
distincts, n'admettre qu'une seule édition de
chaque auteur dans toutes les classes, veiller
à ce que, dans les réimpressions, la première
édition adoptée soit copiée exactement ligne
pour ligne, page pour page : on ne sauroit
croire combien les différences d'éditions cau-

sent de désordre dans une classe ; jamais les
écoliers ne sont d'accord sur la leçon don-
née, et ne peuvent trouver à temps le pas-
sage expliqué par le professeur ; c'est d'ailleurs un grand soulagement pour la mémoire
d'étudier constamment dans les mêmes éditions, parce que l'esprit de toute personne
qui récite se représente ordinairement le li-
vre où la leçon a été apprise, et cette repré-
sentation qui aide beaucoup, devient confuse
lorsqu'on a étudié un même objet, tantôt
dans une édition, tantôt dans une autre.

IV. On a besoin de livres élémentaires
pour l'histoire et la géographie, d'un abrégé
d'arithmétique contenant une courte explication de la numération et des quatre premières règles, avec l'exposé simple des pro-
cédés à suivre pour effectuer les autres
opérations, le tout éclairci par beaucoup
d'exemples.

Des ouvrages très importans à composer
seroient, 1.º un cours de philosophie qui
contiendroit tous les objets que nous avons
indiqués pour cette classe, avec des morceaux analogues choisis dans les philosophes, les poëtes et les orateurs français,
latins et grecs ; 2.º un cours de mathématiques proportionné à ce que des jeunes gens

d'une capacité ordinaire peuvent apprendre
en deux années, à trois ou quatre heures
d'étude par jour; 3.º enfin, des élémens très
succincts de physique et d'histoire naturelle.

Aucun de ces détails ne paroîtra minutieux
aux personnes qui ont de l'expérience dans
l'éducation; de plus petits encore ont été ju-
gés par le célèbre Rollin dignes d'entrer dans
son excellent traité des études.

§. 7.

Récapitulation de cet ouvrage; moyens
peu dispendieux d'en exécuter les
propositions.

Nous avons exposé les progrès alarmans
de l'impiété, et les moyens d'arrêter le cours
de ce torrent dévastateur; nous avons passé
en revue les différens vices de l'éducation
actuelle, en indiquant un remède pour chacun. Il résulte de nos idées, qu'il faut en
France cinq espèces d'écoles publiques, les
primaires, les secondaires, les colléges de
chefs-lieux, les écoles spéciales et les normales (1).

(1) Sur quelques autres écoles qui existent particu-
lièrement dans la Capitale, voy. la note de la page 53.

Les écoles primaires seroient, comme aujourd'hui, destinées aux indigens, et rétribuées par les communes qui en profitent ; mais il faudroit se hâter d'en confier le soin aux Frères de la Doctrine chrétienne.

Dans les secondaires ou colléges communaux, on enseigneroit le tout ou partie de ce que nous avons indiqué pour les Colléges de chefs-lieux, suivant les moyens des villes qui les ont établies, et qui continueroient à les entretenir comme à présent (1).

_____

(1) Il seroit très avantageux de former des établissemens où l'on se borneroit à enseigner la grammaire française, de courts élémens de littérature en cette langue, un abrégé de géographie et d'histoire, le calcul avec quelques opérations de géométrie relatives aux besoins les plus ordinaires de la société, et sur-tout les principes de la Religion : voilà le parti que devroient prendre les villes qui n'auroient pas le moyen d'établir une école secondaire où l'on pourroit apprendre tout ce que nous avons indiqué pour les classes inférieures. Ces établissemens, simples et précieux, n'auroient besoin que de deux professeurs ; on y recevroit en trois ou quatre années une éducation suffisante pour devenir propre à un grand nombre d'emplois ; nous ne verrions plus les pères de famille faire apprendre le latin à leurs enfans, seulement pour qu'ils sachent le français ; et c'est ici le cas d'indiquer un abus qui de tout temps a nui beaucoup aux jeunes gens dans l'étude de l'orthographe. Avant qu'ils aient la

Les Colléges de chefs-lieux ou royaux dont
nous avons donné l'organisation détaillée,
seroient entretenus, moitié aux frais de leurs
élèves, qui paieroient à cet effet 6 francs par
mois de classe, moitié aux frais du Gouvêr-
nement.

Les écoles spéciales pour le génie, l'art
militaire, le droit et la médecine, seroient
sous la surveillance immédiate de quelques
fonctionnaires supérieurs, tels que des inspecteurs généraux et des conseillers, qu'il est bon
de conserver encore, mais en petit nombre,
dans l'instruction publique. Elles pourroient
facilement subsister par elles-mêmes et fournir, en outre, un bénéfice à l'Université, si

---

moindre notion de cette étude essentielle, on les place
dans un collége où, obligés d'écrire sous la dictée, ils
se font une orthographe bizarre, dont l'habitude est
bientôt enracinée au point qu'il n'est presque plus possible de les en corriger, ni même de les former à co_
pier exactement, faute d'avoir commencé par cet utile
exercice.

Je n'ai point parlé dans cet ouvrage de l'étude des
langues vivantes ; tout le monde sent bien que cet
objet doit être laissé au soin des particuliers qui en ont
besoin ; cependant les villes de chefs-lieux pourroient
se faire autoriser à établir une chaire où l'on enseigneroit celle des langues vivantes qui seroit jugée la plus
convenable d'après les relations du pays.

l'on avoit soin de les former toutes en pensionnats, où seroient admis, à leurs frais, les
jeunes gens qui viendroient y apprendre un
état. Il est étonnant que l'on ait établi des
maisons où les pères de famille sont, en
quelque sorte, forcés de renfermer à grands
frais leurs enfans dans un âge qui exige encore les plus tendres soins, et qu'on n'ait
pas jugé à propos d'astreindre les étudians
en droit et en médecine à faire leurs cours
dans des pensionnats, comme on y astreint
depuis quelques années les élèves de l'école
polytechnique. Cependant de tels établissemens recueilleroient les bénédictions des pères
de famille, auxquels ils épargneroient une
dépense considérable et des sollicitudes con-
tinuelles. On n'ignore pas, en effet, combien
de temps et d'argent perdent les étudians d'un
âge avancé, qui se trouvent abandonnés à
eux-mêmes dans une grande ville, et à quelles
débauches scandaleuses plusieurs d'entre eux
se livrent impudemment. Dans ces utiles pensionnats le Gouvernement trouveroit, outre
une sage économie, l'inappréciable avantage
de former parfaitement l'esprit et le cœur des
jeunes gens qui se destinent aux plus sérieuses
fonctions.

Enfin, les écoles normales seroient pour

des élèves qui se destineroient à former la
société religieuse à laquelle nous pensons
qu'il faut confier les Colléges de chefs-lieux ;
la plupart des pensions, dans ces écoles, devroient être payées par l'État, pour encou-
rager les jeunes gens à s'y présenter ; ceux-ci,
après y avoir été nourris, entretenus et instruits gratuitement, en sortiroient pour exercer dans les Colléges de chefs-lieux, d'abord
les fonctions de maîtres-d'études, et, par la
suite, celles de professeurs (1).

Mais, pour bien lier toutes les parties de
cet édifice et l'identifier avec la Religion, il
faudroit confier à un seul homme l'administra-
tion générale des écoles ainsi simplifiées, celle
des affaires qui ont rapport au culte, et en
même temps la surveillance de l'imprimerie,
ainsi que de la librairie ; il faudroit nommer
à cet effet un ministre de l'instruction publique ; déposer entre ses mains les intérêts

_____

(1) Il est ridicule et affligeant tout à la fois de voir
aujourd'hui de jeunes élèves, immédiatement au sortir
de l'école normale, envoyés dans les Lycées pour y
occuper des chaires supérieures à celles de professeurs
anciens, et achever ainsi de porter le découragement
parmi les maîtres d'études qui, chargés des fonctions
les plus pénibles, peuvent à peine conserver l'espoir
d'un avancement bien mérité.

de l'Église, ceux de la jeunesse qui en est la dernière espérance, et le charger du soin touchant de faire fleurir la piété, les sciences et les arts dans sa patrie.

Voilà, voilà l'heureux ministère qui pourroit enfin rouvrir les sources, hélas ! trop long-temps fermées de la félicité publique, et porter au plus haut degré la gloire de la France avec celle de son pieux Souverain(1).

---

(1) Je n'ai point parlé des écoles de théologie, de langue hébraïque, de langues orientales, des arts libéraux et des arts mécaniques ; études qui découlent, soit de la philosophie, soit de la grammaire, soit des belles-lettres, soit enfin des sciences mathématiques et physiques, et qui pourtant, si je ne me trompe, ne se trouvent pas toutes aujourd'hui sous la direction de l'Université : il faudroit ajouter aux dépenses ci-après détaillées, le montant des frais nécessaires pour ces écoles, que l'on placeroit très convenablement sous la dépendance du ministère proposé ; il devroit, ce me semble, embrasser tout ce qui a rapport à l'acquisition, à la conservation et au perfectionnement des connoissances de l'esprit humain.

Je n'ai rien dit non plus sur l'utilité d'une communauté de femmes qui seroient occupées à l'éducation des jeunes personnes de leur sexe ; je me borne à remarquer que ces établissemens sont très rares en France, et qu'on en sent la privation dans presque tous les départemens.

Nous allons exposer ce qu'il en coûteroit au Gouvernement pour recueillir tous les avantages dont voici le résumé :

1.° Supprimer les bourses royales ;

2.° Délivrer les villes de celles qui leur furent imposées par la tyrannie de Buonaparte ;

3.° Supprimer la rétribution universitaire, et n'exiger, dans les Colléges de chefs-lieux seulement, qu'une modique rétribution de 6 f. par mois de classe, ou 6o fr. par an ;

4.° Substituer à 25 académies inutiles, et à 32 Lycées presque tous dans le besoin, 86 colléges florissans où l'instruction seroit aussi étendue qu'on peut le désirer ;

5.° Former en moins de quinze années une société religieuse qui donneroit l'instruction gratuitement dans les 86 Colléges, sans occasionner plus de dépenses qu'il n'en faut aujourd'hui.

Je prouve, par un calcul évident, que tous ces avantages ne coûteroient pas au Gouvernement plus de 1,500,000 fr. chaque année ; j'ajoute qu'il pourroit imputer à compte de cette somme, les revenus des terres cédées à l'Université ; enfin, je démontre que cette légère dépense pourroit encore être réduite au tiers de ce à quoi elle s'éleveroit après cette juste imputation.

Dépenses des Colléges de chefs-lieux.

Pour un Principal. . . . . . . 3000 fr.
Pour huit Professeurs. 16000
Pour deux suppléans. 2000

Pour { Distribution des prix. . . .
Entretien de la bibliothèque
du cabinet de physique. . . } 3000
Portier et menus frais. . . }

Total des dépenses de chaque
collége de chefs-lieux. 24000

Cette somme multipliée par
86, donne 2,064,000 fr.

Les élèves payant chacun
6 fr. tous les mois de classe,
quand ils ne seroient que deux
cents par Collége, l'un portant
l'autre, fourniroient aisément
la moitié de ce produit; reste
à la charge du Gouvernement,
pour les 86 Colléges. . . . . . 1,032,000 fr.

Les traitemens du Ministre
et des autres fonctionnaires
supérieurs, les frais de bureaux
et de voyages, après une telle
simplification, enfin les dépenses d'une école normale, ne

pourroient certainement excé-
der une somme de . . . . . . 468,000 fr.

Total des dépenses que l'instruction publique coûteroit au

Gouvernement, ... 1,500,000 fr.

Puisque l'Université n'a pas besoin d'une
plus grande somme, pourquoi ne lui impu-
teroit-on pas à compte les revenus des terres
qui lui sont assignées? Enfin, j'ai dit que
les dépenses étant ainsi diminuées par cette
imputation, on pourroit encore les réduire
au tiers, si l'État se trouvoit forcé d'en venir
à cette triste économie; il n'auroit, en effet,
qu'à offrir les Colléges de chefs-lieux aux
communes qui voudroient fournir annuelle-
ment la somme de 12000 fr. pour les soutenir; je suis assuré qu'il n'est aucun département où plusieurs villes ne se disputeroient
l'avantage de posséder un tel établissement;
et, par ce moyen, il ne sortiroit pas des
caisses du Gouvernement plus de 4 ou 500
mille francs chaque année pour l'Université (1); l'instruction seroit infailliblement

_____

(1) Je suis assuré que les dépenses de l'instruction
publique peuvent être considérablement diminuées;
mais je ne puis dire précisément jusqu'à quel point
il est possible de les réduire, ne connoissant pas le

gratuite dans les 86 colléges, après quinze
années environ, temps auquel on pourroit
la confier à une société religieuse ; car douze
ecclésiastiques réunis en communauté se
trouveroient dans une heureuse abondance
avec 12,000 fr. par an, et le bénéfice d'un
petit pensionnat.

Ainsi pourrions-nous bientôt relever la
dignité des instituteurs de la jeunesse qui ne
se verroient plus réduits à faire exercer de
misérables perceptions ; ainsi nous les affran-
chirions d'une triste dépendance trop bien
sentie par leurs élèves, dont plusieurs se flat-
tent effrontément de ne pouvoir être chassés
pour mauvaise conduite ; attendu, disent-
ils avec mépris, qu'on a besoin de notre
argent : ainsi, en un mot, pourrions-nous
régénérer la France entière, et lui procurer
le plus parfait bonheur qu'elle doive attendre.

Puissent les idées que je viens d'exposer
être utiles à ma patrie ! Le plus grand ser-
vice à lui rendre, c'est, je ne cesserai de le
répéter, c'est d'y ranimer tous les sentimens

montant des revenus fonciers à imputer ; toutefois il
ne faudroit pas, dans l'estimation des biens cédés à
l'Université, comprendre les bâtimens qu'elle emploie
à l'instruction, et dont elle ne tire pas de loyers.

que l'on doit avoir pour la Religion et ses
ministres.

Prêtres du Seigneur ! vous que j'ai toujours révérés et chéris , recevez ici l'expression de mes sentimens envers vous. Les hommes ne veulent pas voir que les vertus qui
subsistent encore sont votre ouvrage; ils ont
oublié les services importans que vous avez
rendus ; enorgueillis des lumières répan-
dues par vous-mêmes , ils en dédaignent la
source humble et pure , et ne rougissent
pas de verser l'ignominie sur les bienfaiteurs
de l'humanité. Je voudrois vous venger de
ces injustes mépris ; je voudrois ramener dans
vos mains sacrées , non pas une vaine et
temporelle autorité, mais cet empire de paix
qui vous appartient, que vous devez exercer
sur les esprits et sur les cœurs. J'ai vu les
travaux multipliés de votre ministère , et j'ai
tenté de les augmenter encore., en faisant
naître l'idée de vous confier l'éducation : je
ne connois pas d'autre moyen pour conserver le Sacerdoce près de s'éteindre en
France , pour soulager bientôt l'excès de
vos fatigues , en augmentant le nombre
de vos collaborateurs ; pour ranimer la foi
qui périt de jour en jour , et répandre au
loin tous les talens et toutes les vertus. Non,

ma reconnoissance envers vous ne peut se
contenir au fond de mon cœur ; il faut que
j'épanche les sentimens dont il est rempli ;
que ne puis-je ainsi réparer l'ingratitude uni-
verselle ! Je vous dois toute la félicité que
je peux goûter sur la terre , toute celle dont
j'espère jouir dans l'éternelle patrie. C'est
vous qui avez instruit ma jeunesse ; c'est
vous qui avez posé dans mon ame des principes que les passions orageuses n'ont jamais
pu renverser. Anges consolateurs ! vous
m'avez soutenu dans mes tribulations , et
vous m'avez, ainsi qu'à tant d'autres , dé-
couvert les sources de la véritable joie. Ceux
d'entre vous qui liront ces lignes , adresse-
ront des vœux au Ciel en faveur de celui
qui les a tracées ; c'est la plus douce récompense qu'il puisse attendre pour cet ouvrage.
Amis célestes , j'estime plus votre utile af-
fection que tous les trésors de la terre : ô
vous qui avez répandu le calme sur ma vie,
vous viendrez , je l'espère , vous viendrez
l'entretenir à ma dernière heure, et recevoir
les derniers soupirs d'un cœur que vous avez
formé. Demandez au Dieu que vous m'avez
fait connoître , de mettre ainsi pour moi le
comble à ses bontés ; que j'expire entre vos
mains charitables , au milieu de vos tou-

chantes prières, et tout rempli des sentimens
que vous savez inspirer. Oui, j'aurai le bonheur de ne pas survivre à votre ministère;
mais hélas ! dans quelques années, existera-t-il
encore ; et mes nombreux enfans seront-ils
aussi heureux que leur père? Prêtres saints,
vous ranimez notre espérance en nous mon-
trant ce bon Roi que le Ciel a daigné nous
rendre pour preuve que sa miséricorde ne
s'est point lassée; vos ferventes prières ont
obtenu cette grâce à la France qui n'en étoit
plus digne; vous les offrez sans cesse au Roi
des Rois pour celui que vous nommez si jus-
tement son serviteur et l'homme de sa droite.
Ah ! je l'espère, il sera donné à Louis de
rétablir, dans son royaume, la justice et
la paix, les mœurs et la Religion, les vertus
et les talens; et nous vous devrons encore
ces immenses bienfaits.

TROISIÈME PARTIE.

~~~~~~~~~~~~

OBJECTIONS.

Depuis environ deux années que cet ouvrage a paru pour la première fois, j'ai eu le temps de recueillir toutes les objections qu'il a occasionnées ; je vais les exposer avec franchise dans cette seconde édition, et répondre à chacune d'elles ; j'ose croire qu'il est facile de les dissiper entièrement.

1.re OBJECTION. Les Prêtres suffisent à peine pour l'exercice du culte ; il ne faut donc point les employer à un autre ministère.

Réponse. Je sais à quel petit nombre les Prêtres sont malheureusement réduits ; aussi je ne propose point de les charger dès-à-présent de l'instruction publique, mais seulement de leur confier l'école normale, d'en employer quelques-uns pour remplir les chaires qui deviendront vacantes, et de former ainsi à la longue une société religieuse qui seroit, par la suite, chargée des Colléges de chefs-lieux. La présence de ces hommes vénérables seroit, pour la jeunesse, comme une prédication continuelle qui produiroit les plus grands fruits ; ainsi leurs services ne

seroient pas entièrement perdus pour le saint
ministère ; ils sauroient d'ailleurs trouver
bien des momens à y consacrer plus direc-
tement encore : enfin, le moyen que je
propose est le seul qui puisse augmenter à
l'avenir le nombre des ecclésiastiques ; il vaut
certes mieux les rendre un peu plus rares
pour un temps , que de s'exposer à n'en
avoir bientôt plus ; et , pour me servir d'une
comparaison vulgaire , mais sensible , combien paroîtroit absurde celui qui, dans une
année de disette, soutiendroit qu'il ne faut
point semer les terres , parce que la provision
de froment suffit à peine pour la consom-
mation !

2.ᵉ OBJECTION. Les Prêtres ne sont point
assez instruits dans *l'usage du monde* pour
donner à *la jeunesse* une bonne éducation.

Réponse. Cette expression est susceptible
de plusieurs sens, tâchons de les comprendre tous dans notre réponse. Il est faux que
les Ministres des Autels soient totalement
étrangers aux usages de la société ; ils en connoissent parfaitement tous les avantages
qu'ils entretiennent et augmentent, tous les
vices qu'ils répriment et diminuent autant
qu'il leur est possible ; ils ne sont pas moins
versés dans la politesse que les autres hom-

mes , ou plutôt ils portent dans leurs cœurs
cette charité vive et sincère dont la politesse
mondaine n'est qu'un vain simulacre ; c'est
à eux que l'on a dû l'organisation des plus
utiles établissemens ; ils ont formé les anciens Collèges , ils ont composé les sages règlemens qui dirigent ces vierges chrétiennes
consacrées au soulagement de l'humanité
souffrante ; enfin , l'éducation des Princes et
des Rois mêmes leur a été confiée , et ils s'en
sont acquittés avec les plus mémorables succès ; mais quand leurs élèves paroîtroient
quelque temps plus étrangers que les nôtres
à ce qu'on appelle vulgairement l'usage du
monde , seroit-ce donc là un grave inconvénient ? Hélas ! nos enfans ne trouveront que
trop de loisir , après leurs études , pour se
perfectionner dans cette science ordinairement frivole , et trop souvent funeste.

3.ᵉ OBJECTION. Les emplois ne sont déjà
point assez nombreux pour occuper les pères
de famille ; il ne faut donc pas , à leur dé-
triment , y nommer des ecclésiastiques.

Réponse. Mais l'État n'emploie-t-il que des
pères de famille ? Ne voit-on pas des fonctions distinguées remplies par des célibataires ?
Faut-il donc en exclure ceux qui ont embrassé
le célibat par esprit de Religion , et non par

libertinage ? N'ai-je pas démontré précédem-
ment que l'instruction publique offroit trop
peu de ressources aux pères de famille , et
que ceux-ci , à cause des fréquentes distractions et des besoins nombreux inséparables
de cette qualité, se trouvoient en général peu
propres à l'enseignement ? D'ailleurs, j'ai
proposé les moyens de remettre cet emploi
entre les mains des Prêtres , par degrés, sans
déplacement et sans secousse ; de plus, quand
nous serions arrivés à l'heureuse époque où
nous aurions une société religieuse enseignante , les Prêtres ne seroient pas les seuls
instituteurs dans tout le royaume ; il y auroit
encore des écoles spéciales pour le génie, le
droit et la médecine , ainsi que des écoles
militaires qui seroient confiées aux laïcs. Il
s'élèveroit aussi beaucoup d'établissemens
particuliers , tels qu'on en a toujours vus ,
lorsque plusieurs monastères étoient chargés
de l'éducation. Une société religieuse pourroit donner l'instruction gratuitement ; elle
regarderoit les instituteurs particuliers comme des aides , et non pas comme des rivaux ;
le nombre de ceux-ci croîtroit infailliblement, puisque les parens se verroient alors
en état de donner à leurs enfans des répétiteurs qui trouveroient dans ce facile tra-

vail le moyen de subsister ; ainsi l'instruction publique alimenteroit encore un grand
nombre de pères de famille, et les progrès
dans les études deviendroient infiniment plus
sûrs et plus rapides.

4.ᵉ Objection. Dans le plan proposé, les
mathématiques sont trop restreintes.

Réponse. Il est certain que, d'après ce plan,
on peut enseigner dans les Colléges de chefs-
lieux, assez de mathématiques pour que les
élèves, moyennant une seule année d'étude
après leurs classes, puissent entrer à l'école
polytechnique, aussi avancés qu'ils le sont
lorsqu'on les y admet aujourd'hui ; eh bien !
ne vaut-il pas mieux faire cette année dans
cette école même, et y nommer un ou deux
professeurs à ce sujet, que d'en établir autant qu'il y a de Lycées. Exigez un peu
moins de science pour l'admission aux écoles
spéciales ; gardez-y les élèves une année de
plus ; par ce moyen ils seront bien mieux
instruits ; les autres études, dont l'utilité
est générale, ne seront plus entravées par
celles qui ne conviennent qu'à un petit nombre, et vous éviterez une absurde prodigalité.

5.ᵉ Objection. Les professeurs de mathématiques seroient trop surchargés de deux

classes par jour, et surtout s'ils devoient y
enseigner encore les élémens de physique et
d'histoire naturelle.

Réponse. Je ne puis comprendre comment
ces professeurs ne pourroient tenir classe
quatre ou cinq heures par jour, ainsi que les
autres, car voilà uniquement ce dont il s'a-
git : les objets qu'ils expliquent, ne sont
fatigans que pour les disciples ; aussi les
mêmes élèves ne suivroient-ils pas les deux
classes (Voy. pag. 42 et 43). Un professeur
d'une santé ordinaire peut aisément tous les
matins instruire et exercer des écoliers pendant cinq quarts d'heure sur les mathématiques, les occuper ensuite pendant trois
quarts d'heure à des élémens de physique
et d'histoire naturelle ; après cela les con-
duire à la messe, et faire le soir, pour des
élèves plus avancés, une classe de deux
heures et demie, temps dont les trois quarts
environ seroient employés aux mathématiques, et le reste aux autres sciences : ce
travail n'excède point les forces communes,
il est même moins pénible que celui des autres professeurs, puisque ceux de mathématiques répètent tous les ans les mêmes objets,
et n'ont pas des devoirs journaliers à corri-

ger hors du temps des classes. Oui , j'ose l'af-
firmer, cela est très possible , je l'ai vu pra-
tiquer en cette ville par un maître bien res-
pectable et bien cher à mon cœur ; outre la
physique et les mathématiques, il enseignoit
encore la philosophie, et son zèle étoit ré-
compensé par les plus heureux succès.

6.ᵉ OBJECTION. Lorsque vous proposez de
former en pensionnat les écoles de droit et
de médecine, vous ne sentez donc point
qu'un grand nombre de jeunes gens renonceroient à cette étude; que ceux qui voudroient
s'y adonner encore, supporteroient bien im-
patiemment la privation de leur liberté ;
qu'enfin ce seroit fermer cette double carrière à tous ceux qui n'auroient pas le moyen
de payer le prix de la pension.

Réponse. J'avoue que dans ce cas plusieurs jeunes gens renonceroient à ces
études qu'ils feignoient de vouloir suivre ,
afin de pouvoir, loin des yeux de leurs parens, se livrer aux dissipations ordinaires
dans les grandes villes, et y jouir d'une liberté
funeste ; je pense que la société ne regret-
tera pas beaucoup cette perte , et que même
elle doit la regarder comme un gain. Quant
à ceux qui auroient le courage de se présen-

ter dans ces maisons nouvelles, il est pro-
bable qu'ils y entreroient disposés à en suivre les règlemens; ils ne seroient pas plus
difficiles à contenir que les élèves des écoles
militaires ; les plus passionnés pour l'indé-
pendance seroient aisément ramenés à la
subordination par les avis des maîtres entre
les mains desquels ils verroient une autorité
suffisante pour les exclure à perpétuité de l'é-
tat auquel ils se destinent. Le troisième motif
est de tous ceux qu'on a exposés dans cette
objection, celui qui présente le plus de soli-
dité, encore n'est-elle qu'en apparence. Parmi
les jeunes gens qui se livrent à ces études
pour lesquelles il a toujours fallu une cer-
taine aisance, on n'en trouvera point qui
n'ait le moyen de payer le prix d'une pension nécessairement modique ; s'il y en avoit
quelques-uns dans ce cas, ils seroient en très
petit nombre ; on pourroit, en leur faveur,
établir des bourses, des places de surveillans
et de répétiteurs; enfin, dût-on s'exposer à
priver la médecine et le barreau de quelques
sujets trop pauvres pour y entrer, un tel
inconvénient ne seroit rien en comparaison
des avantages qui résulteroient du moyen
proposé.

Considérez d'un côté la tranquillité des pères de famille, qui n'auroient plus à redouter pour leurs fils la perte irréparable du temps, les dépenses ruineuses, les débauches si funestes au corps et à l'esprit, les querelles trop communément suivies de blessures et de meurtres; d'un autre côté, la gloire et la prospérité de la patrie, où les plus importantes fonctions ne seroient exercées désormais que par des hommes formés loin de la corruption, à l'amour de l'étude, des mœurs, de la probité, du véritable honneur.

De telles considérations auroient touché les payens; se pourroit-il que des chrétiens y fussent insensibles? Eh! ne voyez-vous point que c'est-là le plus sûr et peut-être l'unique moyen de régénérer la jeunesse, de la préserver ou de la guérir de cette épouvantable corruption qui fait tant de ravage dans les esprits et dans les cœurs; de la ramener aux sentimens religieux dont elle est maintenant si éloignée? Non, à moins de marcher sous les drapeaux des ennemis farouches que l'enfer a vomis contre cette Religion sainte, il est impossible de se montrer indifférent sur les désordres ac-

(70)

tuels, sur le sort de tant d'ames qui périssent tous les jours, et de ne pas rechercher les moyens les plus efficaces pour sauver non-seulement la génération présente, mais encore celles qui doivent lui succéder.

7.ᵉ OBJECTION. Vous attaquez les Académies de l'Université, et vous osez soutenir qu'elles sont inutiles, me dit un de mes collègues ; ce n'est point à nous à déchirer notre robe.

Réponse. Vous conviendrez du moins que c'est à nous à faire laver cette robe souillée de taches si dégoûtantes, et qu'il nous appartient plus qu'à tous autres d'en effacer l'ignominie. Examinez si je dis la vérité, et ne me demandez pas si j'ai qualité pour la dire ; il suffit pour cela d'aimer la Religion, le Roi et la Patrie. Oui, je soutiens que les Académies de l'Université sont inutiles ailleurs que dans la Capitale ; et avant que je le prouve, tous les hommes sensés qui les connoissent, s'écrient que j'ai raison. Comment justifier en effet la création d'une foule de professeurs qui enseignent pendant environ neuf mois de l'année, à trois heures par semaine, des objets superflus pour la plupart, et reçoivent un traitement deux fois plus fort que celui des

professeurs de Lycée, lesquels supportant chaque jour un travail long et pénible, dont personne ne conteste la nécessité, semblent con-
damnés, pour mieux sentir leurs peines, à voir,
sous leurs yeux mêmes, l'oisiveté largement
stipendiée de ces prétendus collaborateurs?
Voulez-vous une preuve évidente que l'Université elle-même juge ses Académies inutiles?
A Dijon (car je ne connois que le pays où j'ha-
bite, et que seroit-ce si je pouvois tout voir?)
à Dijon où elle n'a pas jugé à propos de supprimer, comme en plusieurs autres villes, les Fa-
cultés des sciences ou celles des lettres, quatre
chaires sont devenues vacantes depuis deux
ans au moins, et elles ne sont plus remplies, pas
même par des suppléans. Qu'est-ce donc que
ces classes qu'on peut laisser ainsi vaquer
pendant deux années? que voulez-vous que
j'en pense? En vain me direz-vous que ce sont
des retraites pour des maîtres distingués qui
ont vieilli dans l'instruction publique; et moi
je vous dis qu'on donne quelquefois ces places
à des jeunes-gens sans expérience. Assurez
des retraites pour ceux qui les ont méritées,
mais ne créez point des places inutiles dont
les dénominations pompeuses et vaines ne
servent qu'à tromper la France en entravant

et déshonorant l'instruction publique. Expo-
serai-je ici les recettes immenses de l'Université ; faut-il parler des frais d'études , des
droits pour les examens et les grades , des
fonds possédés par les anciens Colléges , de
ces bourses royales si multipliées , de celles
qui furent imposées aux villes par la tyrannie
de Buonaparte , et dont jusqu'à présent elles
n'ont pu être délivrées par l'équité du Souverain légitime ? Rappellerai-je enfin cette
odieuse rétribution universitaire , abolie par
Sa Majesté , rétablie par le tyran , et préten-
due nécessaire jusqu'à ce jour ? Que ne puis-je
indiquer le total des sommes absorbées par
cette monstrueuse institution ! C'est peut-
être cinq millions entiers qui vont s'engloutir
chaque année dans ses entrailles dévorantes ;
et pourquoi ? pour alimenter vingt-six Académies dont une seule est nécessaire , et trente-
deux Lycées presque tous languissans dans le
besoin ; car il ne s'agit point ici des Colléges
communaux qui sont à la charge des villes
où ils existent , et loin de rien coûter à l'Université , lui paient chaque trimestre une in-
juste rétribution. Quelles profusions insen-
sées , tandis qu'avec le tiers de ces recettes ,
on pourroit avoir quatre-vingt-six Colléges
précieux et florissans.

On m'accusera sans doute d'invectiver contre ces abus , parce que je n'en profite point ,
attendu que je ne suis pas membre de ces Académies que j'ose appeler inutiles : qu'il me soit
donc permis de parler un instant de moi-
même afin de repousser un soupçon inju-
rieux ; j'abrégerai cette pénible tâche.

Parvenu à la chaire de rhétorique , j'ai tout
lieu d'espérer une nomination à l'Académie ,
lorsqu'on s'avisera de remplir les vides qui
existent à Dijon ; cet espoir est d'autant mieux
fondé , que mon traitement seroit à la charge
de l'Académie pour une moitié seulement ,
l'autre devant être fournie par le Lycée ;
ainsi quand ces abus devroient subsister encore , ils pourroient bien tourner à mon avantage , si toutefois ce n'est pas un crime de les
avoir signalés ; mais j'aime mieux voir l'ordre
et la justice régner dans ma chère patrie , que
d'avoir part à de scandaleuses dilapidations ;
et dans ce moment j'élève de nouveau ma
foible voix , parce que j'entends dire que l'Université est puissante , qu'elle obtiendra tout
ce qu'elle voudra , que l'on consultera des
hommes parmi lesquels il s'en trouve qui ont
intérêt à conserver le désordre actuel , et
qu'une loi va bientôt consacrer à perpétuité

6.

les nombreux abus que tous les gens de bien
déplorent depuis si long-temps. Non, je ne
puis expliquer la fureur avec laquelle on sou-
tient les institutions de Buonaparte, si ce n'est
par les avantages que certaines personnes en
retirent ; car je répugne à croire qu'on espère encore le retour du tyran, et qu'on se
plaise à lui conserver son ouvrage. C'est as-
surément l'intérêt particulier qui a rendu
inutiles jusqu'à ce jour les Commissions choi-
sies par la sagesse du Roi, afin de réformer
l'instruction publique, et qui les a forcées de
se dissoudre sans avoir rien opéré. Depuis
long-temps il règne en France un vil égoïsme,
premier fruit de la corruption engendrée par
l'affoiblissement de la Foi. Nourri par l'impiété, ce ver destructeur des empires fait tous
les jours d'affreux progrès dans le sein de ma
patrie ; c'est la principale cause de tous les
maux qui nous minent. Il faudroit être bien
aveugle pour ne pas voir que la Religion, ce
doux présent du Ciel, peut seule guérir la
soif immodérée des biens de la terre, et ramener une santé parfaite dans tout le corps
de la société. Ne reverrons-nous pas enfin
s'élever des institutions sages et pieuses, qui
rendent bientôt à notre sainte Religion son

antique influence ? Tel est le vœu de mon
cœur et le but de cet ouvrage.

O mon Roi ! O ma Patrie ! O sainte Eglise
de Jésus-Christ, permettez qu'après une méditation nouvelle, je vienne encore une fois
déposer cette humble offrande à vos sacrés
genoux. Recevez ces sentimens et ces pensées
inspirés par l'amour le plus tendre, et soyez-
moi témoins dans l'avenir du zèle qui m'excite à les reproduire en ce jour.

FIN.

A Dijon, chez Frantin, Imprimeur du Roi. 1818.

Dépôt légal
2ème trimestre - Juin 2019

www.ingramcontent.com/pod-product-compliance
Lightning Source LLC
Chambersburg PA
CBHW070553030426
42337CB00016B/2484